ZARI & MARINITA

Aventuras en el bosque de Costa Rica
Adventures in a Costa Rican Rainforest

Text & illustration copyright © 2009
by Melina Valdelomar Delgado

ISBN: 978-0-9798804-0-7

Published by:
Zona Tropical Publications
www.zonatropical.net

Printed in China
10 9 8 7 6 5 4 3 2 1   .

Background design and book layout:
Lacabeza Design Studio

English translation:
Elena Arguedas González

Para Beto:
Mi compañero
en el juego
de la vida

Morpho Helenor Marinita, es mi nombre completo, pero mis amigos me llaman Marinita. Esta es la historia de como volví a casa.

My full name is Morpho Helenor Marinita but my friends call me Marinita.
This is the story of how I found my way home.

Una mañana, salí de mi casa en el manantial y entré en lo profundo del bosque lluvioso, donde todo es grande, con muchos colores y sonidos, ¡un lugar perfecto para jugar! Pero cuando quise regresar a casa, perdí el camino.

One morning, I wandered away from my home by the spring and followed a path deep into the rainforest. Everything was really big there. It was full of colors and sounds. A perfect place to play! But when I tried to find my way home, I realized I was lost.

Busqué y busqué, pero todos los caminos se veían iguales.
Cansada de tanto volar, decidí descansar en unas hojas.
- ¿Qué haré ahora?- me decía

¡Crash, Crash!. Oí unos ruidos extraños.
Volé a investigar qué o quién podría ser...

I searched and searched, but every path looked the
same. Tired of flying, I decided to rest on some leaves.
"What will I do now?" I asked myself.

Crash, crash! I heard a strange sound. I
went over to investigate.

¡crash
crash!

Encontré una pequeña ranita verde de ojos rojos.
- Hola- me dijo.- Mi nombre es Zari.
- Hola, yo soy Marinita, ¿No conoces el camino al manantial?- le pregunté -Allí es mi casa y estoy perdida.
- No, ni idea donde es- me respondió.- pero talvez mis amigos sepan donde está-.
- Vamos donde el mono Melo,- sugirió Zari -arriba en los árboles, él lo puede ver todo-.

I found a small, green, red-eyed frog.
"Hi," she said, "my name is Zari."
"Hi, I'm Marinita. Do you know the way to the spring?" I asked. "That is where I live. I am lost."
"No, I have no idea," she responded, "but my friends might know where it is."
"First let's go see Melo the monkey," suggested Zari."Up In the trees he sees everything."

Arriba en un árbol estaba Melo, un mono muy juguetón.
- ¿Sabes dónde encontrar el manantial?- le preguntó Zari.
- Nones, ¿qué es eso?- contestó Melo.
- Es donde sale el agua del río- le expliqué.

High up in a tree sat Melo, a very playful monkey.
"Do you know where to find the spring?" Zari asked him.
"Nope," he answered, "what's that?"
"It's where the river flows out of the ground," I explained.

-Pues la única salida de agua que conozco es la del agua de coco, ¿esa te sirve?- respondió Melo entre carcajadas.
- No, nos sirve, pero gracias de todos modos- le dijo Zari. Decidimos bajarnos del árbol y dejar a Melo con sus bromas.

"Well, the only flowing water I know of comes from coconuts" answered Melo in a fit of laughter. "Does that help?"
"No, it doesn't, but thanks anyway," said Zari.
We decided to head down the tree to avoid any more of Melo's bad jokes.

Cuando llegamos a las raíces del árbol, varias hormigas y orugas estaban trabajando.
- ¿Conocen el manantial?- dijimos Zari y yo al mismo tiempo.
- ¡No!- dijeron las hormigas con una voz aguda.- Nosotras trabajamos la tierra, no el agua.
- Tieeenes que preguuuntarle a Don Colibriíí, él lo sabe tooodo - Nos dijo una oruga muy gorda.

When we reached the roots of the tree we spotted several ants and caterpillars hard at work.
 "Do you know where the spring is?" Zari and I inquired at the same time.
"No!" replied the ants in their high-pitched voices. "We work the land, not the water."
"You haaave to aaask Mr. Hummingbird, he knows eeevrythiiing," said a very fat caterpillar.

Fuimos rápidamente a un lugar lleno de flores. Yo no podía ver a Don Colibrí porque él vuela muy veloz.

-¿Sabes dónde está el manantial?- Le gritamos

- No biz, debería estar cuesta arriba biz, solo un manigordo iría hasta allá biz- Respondió como un rayo

- Podemos ir donde Felis, el manigordo- dijo Zari. - pero sin hacer ruido.

We quickly hurried to a place that was full of flowers. I couldn't see Mr. Hummingbird very well because he was flying so fast.

"Do you know where the spring is?" we shouted.

"No, *bizz*, it must be up the hill, *bizz*, only an ocelot would go way over there, *bizz*," he answered as quick as lightning.

"We can go find Felis the ocelot" said Zari, "but only if we don't make a sound."

Zari me contó que Felis duerme mucho, pero ella sabía como preguntarle sin despertarlo.
- Felis …, Felis …, Soy la ranita de tus sueños- le susurró Zari al oído tratando de no reírse.
-Y quiero saber cuál es el camino al manantial-

Zari told me that Felis sleeps a lot, but she knew how we could ask him a question without waking him up.
"Felis…, Felis…, I'm the frog in your dreams," whispered Zari into Felis' ear, trying hard not to laugh, "and I want to know how to get to the spring."

–No sé dónde queda, debe ser tan largo
que sólo volando se llega allá- dijo Felis
en medio de bostezos.
- Vuelve a tus dulces sueños, Felis, tengo que irme
- le susurró Zari nuevamente.
- Adiozzzzz- dijo Felis, que siguió durmiendo muy sonriente

"I don't know how to get there, but I do know it's far away
and you can only reach it by flying," said Felis in between
yawns.
"Return to your sweet dreams, Felis, I have to
go," whispered Zari again.
"Adiozzzzz," said Felis, who continued
sleeping contentedly.

-¿Quién más podría saber dónde queda el manantial, no conozco a alguien que pueda ver más lejos que Melo, volar tan rápido como Don Colibrí o merodear tanto como Felis - me dijo Zari con cara pensativa.

-Jijijiji, nosotros sí sabemos- dijeron unas voces desde arriba. Al voltearnos, miramos unas pelotitas blancas peludas acurrucadas debajo de una hoja. Eran unos murciélagos bebés. -Nuestro papá sabe dónde está el manantial, él nos cuenta historias de ese lado del bosque- nos dijeron los pequeños murcielagos.

"Who else could know where the spring is?" said Zari. "I don't know anyone who can see further than Melo or fly farther than Mr. Hummingbird or who roams as far as Felis," Zari told me with a pensive expression on her face. "Hee hee hee, we know," said some voices from above. We looked up to see some furry white balls tucked under a leaf. They were tiny baby bats! "Our dad knows where the spring is, he tells us stories about that part of the forest," said the little bats.

Un murciélago grande se mecía junto a ellos y nos contestó:
- Claro que conozco dónde está el manantial, ahí encuentro unas frutas deliciosas-
nos dijo. -El único problema es que yo voy en las noches a buscar comida y no estoy
muy seguro del camino de día, pero creo que es subiendo por el viejo poró.
- ¡Muchas gracias!, señor- le agradecí muy alegre.
- Vamos- dijo Zari- una vieja amiga vive ahí.

A big bat was rocking next to them.
"Of course I know where the spring is, I find delicious fruits there," he told
us. "The only problem is that I go there at night to look for food and I'm
not sure how to get there by day, but I think you'll find that it's near the old
poró tree." "Thank you very much, sir!" I said happily. "Let's go," said
Zari, "I have an old friend who lives there."

El viejo poró es un árbol muy grande, Zari me decía que ahí vive su amiga Serpentina, una Bocaracá muy anciana, que conoce todo el bosque. Cuando llegamos ella estaba enrollada en una gruesa rama.

- Te perdiste de tu casa, ¿verdad?- me dijo la sabia serpiente -No te preocupes, te quedaste jugando lejos y por suerte encontraste amigos que te ayudaron. Para llegar al manantial sólo tienes que seguir las florecillas rojas

-¿Siguiendo las flores llegaré a mi casa?- le pregunté muy emocionada.

- Sí pequeña, ahora puedes visitar a Zari sin miedo a perderte- me sonrió.

- Gracias, Serpentina- le respondí muy feliz.

The old poró is a very large tree. Zari told me that her friend Serpentina, an ancient eyelash pit viper, lives there and that she knows everything that goes on in the forest.

When we got there, she was coiled up on a large branch.

"You have lost your way home, right?" said the wise snake. "Don't worry. You were playing far from home but luckily you found friends who were able to help you. To get home you only have to follow the small red flowers."

"If I follow the flowers I can get back home?" I asked her excitedly.

"Yes little one, now you can visit Zari without getting lost," she said with a smile.

"Thank you, Serpentina," I answered happily.

Empezaba a oscurecer y no podía esperar más tiempo, tenía que despedirme antes que cayera la noche.

- Zari, quiero agradecerte la gran ayuda que me diste - le dije -sé que desde hoy seremos amigas por mucho tiempo-.

- Puedes volver cuando quieras- me dijo Zari -Te estaré esperando-.

It was starting to get dark and I couldn't wait any longer. I had to get on my way before nightfall. "Zari, I want to thank you for all of your help," I said. "I know that we'll be friends for a long time." "You can come back whenever you want," Zari told me. "I'll be waiting."

De camino a casa, pensaba que fue un día de gran aventura. A veces parece que cuando tienes un problema no podrás resolverlo, pero si piensas bien y buscas ayuda, la solución aparecerá.

On the way home I thought about my adventurous day. At times, it might seem that you have a problem that can't be solved, but if you think carefully and seek the help of your friends, you will find a solution.

¡**A**hora tengo nuevos amigos y un nuevo lugar para jugar! ¿Tal vez algún día nos puedas acompañar?

Now I have new friends and a new place to play! Maybe you would like to join us one day?

Melina Valdelomar Delgado nace en San José, Costa Rica en 1980. Egresada del Conservatorio de Castella. Administradora de profesión, lleva más de 8 años de experiencia en Librerías. Este es su primer libro.

Melina Valdelomar Delgado was born in San José, Costa Rica in 1980. A graduate of the fine arts school Conservatorio de Castella, she has worked the past eight years as a manager at several bookstores in San José.